AF451516

DU MÊME AUTEUR

APHRODITE, *mœurs antiques,* édition in-8°.

9 exemplaires sur japon, numérotés de 1 à 9.................... épuisés.

10 exemplaires sur whatman, numérotés de 10 à 19............... épuisés.

40 exemplaires sur hollande, numérotés de 20 à 59............... épuisés.

550 exemplaires sur vélin, numérotés de 60 à 609 .... 10 fr. »»

LES CHANSONS DE BILITIS, *roman lyrique,* édition in-8°.

9 exemplaires sur japon, numérotés de 1 à 9.................... 30 fr. »»

10 exemplaires sur whatman, numérotés de 10 à 19............... 30 fr. »»

40 exemplaires sur hollande, numérotés de 20 à 59............... 20 fr. »»

550 exemplaires sur vélin, numérotés de 60 à 609.. .... 10 fr. »»

1

Le Caire. 24 mars
1898

Cher monsieur

J'ai été, croyez-le,
très touché par votre
lettre et si je ne vous
ai pas répondu plus
tôt, c'est que je suis
absent de France depuis
trois mois et que je
reçois mes lettres de
Paris assez irrégulièrement.

Vous pouvez me compter dès à présent au nombre de vos collabo- rateurs. J'aime le Midi d'un amour que les Méridionaux eux-mêmes ne peuvent connaître : il faut avoir beaucoup vécu dans la boue et la brume de Paris pour connaître la splendeur

... de la lumière sur la mer. Chantez-la. Parlez nous du soleil et du vent africain et de l'or sur les fleurs... Aidez nous à repousser l'âme frissonnante et maigre de la poésie protestante. On vous attaquera, on l'a déjà fait, je crois; n'en tenez pas

compte. Vous avez
dans vos mains des
rayons ... i sont
des flèches.

Tout à vous

Pierreclouijs.—

A mon ami de la Hire d'Espie

Pierre Louÿs.

LÊDA

LÊDA

OU

LA LOUANGE DES BIENHEUREUSES TÉNÈBRES

PAR

PIERRE LOUŸS

AVEC DIX DESSINS EN COULEURS

PAR

PAUL-ALBERT LAURENS

PARIS

ÉDITION DV MERCVRE DE FRANCE

XV, RVE DE L'ÉCHAVDÉ-SAINT-GERMAIN, XV

—

M DCCC XCVIII

N n'y voyait prefque plus.

Une invifible Artémis chaffait fous le croiffant penché, derrière les branches noires fleuries d'étoiles limpides. Les quatre Corinthiennes reftaient couchées dans l'herbe près des trois jeunes hommes ; et l'on ne favait plus très bien fi la dernière oferait parler après les autres tant l'heure était au filence.

Les contes ne doivent être dits qu'en plein jour. Dès que l'ombre eft entrée quelque part, on n'écoute plus les voix

fabuleuſes parce que l'eſprit fugitif ſe fixe et ſe parle à lui-
même avec raviſſement.

Chacune des femmes étendues avait déjà un compagnon
ſecret dont elle créait le charme à l'image réelle de ſon déſir
enfantin. Pourtant elles ouvrirent toutes les yeux dans
l'obſcurité quand le grave Mélandryon dit ces premières
paroles :

« Je vous conterai l'hiſtoire du Cygne et de la petite
nymphe qui vivait ſur les bords du fleuve Eurotas. C'eſt à la
louange des bienheureuſes ténèbres. »

Il ſe releva, mais à demi, et s'appuya d'une main dans
l'herbe, et voici comment il parla :

ɴ ce temps-là, il n'y avait pas de tombeaux ſur les routes, ni de temples ſur les collines.

Les hommes n'exiſtaient guère : on n'en parlait pas. La terre ſe livrait à la joie des dieux, et favoriſait la naiſſance des divinités monſtrueuses. C'eſt le temps où l'Echidna enfanta la Chimère, et Paſiphaé le Minotaure. Les petits enfants pâliſſaient dans les bois, ſous l'effroi du vol des dragons.

Or ſur les bords humides du fleuve Eurotas, où les bois ſont tellement épais qu'on n'y voit jamais la lumière, vivait une jeune fille extraordinaire, qui était bleuâtre comme la nuit, myſtérieuſe comme la lune mince, et douce comme la voie lactée. C'eſt pourquoi on la nommait Lêda.

Elle était vraiment preſque bleue, car le ſang des iris coulait dans ſes veines, et non comme aux vôtres le ſang des roſes. Ses ongles étaient plus bleus que ſes mains, ſes papilles plus bleues que ſa poitrine, ſes coudes et ſes genoux tout à fait azurés. Ses lèvres brillaient de la couleur de ſes yeux, qui étaient bleus comme l'eau profonde. Quant à ſes cheveux en liberté, ils étaient ſombres et bleus autant que le ciel nocturne et vivaient le long de ſes bras, ſi bien qu'elle paraiſſait ailée.

Elle n'aimait que l'eau et la nuit.

Son plaiſir était de marcher ſur les ſpongieuſes prairies des rives, où l'on ſentait l'eau ſans la voir, et ſes pieds nus avaient des friſſons de bonheur à ſe mouiller obſcurément.

Car elle ne ſe baignait pas dans la rivière, de peur des jalouſes naïades, et d'ailleurs elle n'eût pas voulu ſe livrer à l'eau tout entière. Mais qu'elle aimait ſe mouiller ! Elle mêlait au courant rapide l'extrême boucle de ſa chevelure et la collait ſur ſa peau pâle avec des deſſins lentement recourbés. Ou bien elle prenait dans le creux de ſa main un peu de la fraîcheur du fleuve qu'elle faiſait couler entre ſes

jeunes feins jusque au pli de fes jambes rondes où il fe perdait.
Ou encore elle fe couchait en avant fur la mouffe trempée
pour boire doucement à la furface de l'eau, comme une biche
filencieufe.

Telle était fa vie, et de penfer aux fatyres. Il en venait
quelquefois par furprife, mais qui s'enfuyaient effrayés, car ils
la prenaient pour Phœbé, févère à ceux qui la voient nue.
Elle aurait voulu leur parler, s'ils fe fuffent arrêtés près d'elle.
Le détail de leur afpect la rempliffait d'étonnement. Une nuit
qu'elle avait fait quelques pas dans la forêt, parce que la pluie
était tombée et que la terre était torrentielle, elle avait vu de
près un de ces demi-dieux endormi ; mais elle avait pris peur
à fon tour et était revenue tout à coup. Depuis elle y penfait
par intervalles et s'inquiétait des chofes qu'elle ne comprenait
pas.

Elle commençait à fe regarder auffi, fe trouvait elle-même
myftérieufe. Ce fut l'époque où elle devint fentimentale et
pleura dans fes cheveux.

Quand les nuits étaient claires elle fe regardait dans l'eau.
Une fois elle penfa qu'il lui fiérait mieux de rouler fa chevelure en forme de ferpent pour découvrir fa nuque qu'elle fentait jolie dans fa main careffante. Elle choifit un jonc fouple
pour ferrer fon chignon bleu et fe fit une couronne tombante

avec cinq larges feuilles aquatiques et un nénuphar languiſſant.

D'abord elle prit plaiſir à ſe promener ainſi. Mais on ne la regardait pas puiſqu'elle était seule. Alors elle devint malheureuſe et ceſſa de jouer avec elle-même.

Or ſon eſprit ne ſe connaiſſait pas, mais ſon corps attendait déjà le battement des ailes du Cygne.

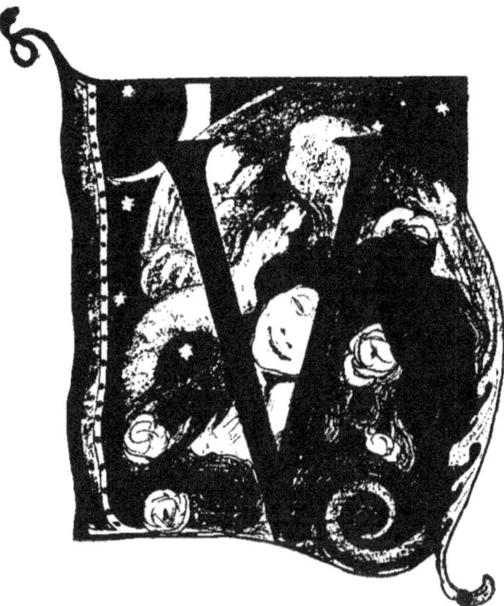

II

N foir, comme elle s'éveillait à peine et fongeait à reprendre fon rêve parce qu'un long fleuve de jour jaune luifait encore derrière la nuit de la forêt, fon attention fut attirée par le bruit des rofeaux près d'elle, et elle vit l'apparition d'un Cygne.

Le bel oifeau était blanc comme une femme, fplendide et rofe comme la lumière, et rayonnant comme un nuage. Il femblait l'idée même du ciel de midi, fa forme, fon effence ailée. C'eft pourquoi il se nommait Dzeus.

Lêda le fut confidérer, qui volait en marchant un peu. De loin, il tournait autour de la nymphe, et la regardait de côté. Quand il la toucha prefque il s'approcha encore, et, fe hauffant fur fes pattes rouges, étendit le plus haut qu'il put la grâce onduleufe de fon col, devant les jeunes cuiffes bleuâtres et jufqu'aux lèvres myftérieufes.

Les mains étonnées de Lêda prirent avec foin la petite tête et l'enveloppèrent de careffes. L'oifeau frémiffait de toutes fes plumes. Dans fon aile moelleufe et profonde il ferrait les jambes nues et les faifait plier; Lêda fe laiffa tomber à terre.

Et elle fe mit les deux mains fur les yeux. Et elle n'avait ni frayeur ni honte, mais une inexprimable joie, et fon cœur battait à faire frémir fes feins.

Elle ne devinait pas ce qui allait arriver. Elle ne favait pas ce qui pouvait arriver. Elle ne comprenait rien, pas même pourquoi elle était heureufe. Elle fentait le long de fes bras la foupleffe du col du Cygne.

Pourquoi était-il venu? Qu'avait-elle fait pour qu'il vînt? Pourquoi ne s'était-il pas enfui comme les autres Cygnes fur le fleuve ou les fatyres dans la forêt? Depuis fes premiers fouvenirs elle avait toujours vécu feule. Auffi n'avait-elle pas beaucoup de mots pour penfer, et l'événement de cette nuit-là était fi déconcertant... Ce cygne... Ce Cygne... Elle ne l'avait pas appelé, elle ne l'avait même pas vu, elle dormait. Et il était venu.

Elle n'osait plus du tout le regarder et ne bougeait pas, de peur de le faire envoler. Elle sentait sur le feu de ses joues la fraîcheur de son battement d'ailes.

Bientôt il sembla reculer et ses caresses s'altérèrent. Lêda s'ouvrait à lui comme une fleur bleue du fleuve. Elle sentait entre ses genoux froids la chaleur du corps de l'oiseau. Tout à coup elle cria : « Ah... Ah... » et ses bras tremblèrent comme des branches. Le bec l'avait brusquement pénétrée et la tête du Cygne se mouvait en elle avec lenteur, comme s'il mangeait ses entrailles, délicieusement.

Elle fondit en un long sanglot de félicité abondante, laissa tomber en arrière sa tête fiévreuse aux yeux fermés, arracha de l'herbe avec ses doigts et crispa sur le vide ses petits pieds convulsifs, qui s'épanouirent dans le silence.

Longtemps elle resta immobile. Au premier geste qu'elle fit, sa main rencontra au-dessus d'elle le bec ensanglanté du Cygne.

Elle s'assit et vit le grand oiseau blanc devant le frisson clair du fleuve.

Elle voulut se lever : l'oiseau l'en empêcha.

Elle voulut prendre un peu d'eau dans le creux de sa main et fraîchir sa chair avivée : l'oiseau l'arrêta de son aile.

Elle le mit alors dans ses bras et couvrit de baisers les plumes touffues, qui se hérissaient sous sa bouche. Puis elle s'étendit sur la rive et dormit profondément.

Le lendemain matin, comme le jour commençait, une fenfation nouvelle l'éveilla brufquement ; il lui fembla que quelque chofe fe détachait de fon corps. Et c'était un grand œuf bleu qui avait roulé devant elle, éclatant comme une pierre de faphyr.

Elle voulut le prendre et jouer avec, ou même le faire cuire dans la cendre chaude comme elle avait vu que faifaient les fatyres, mais le Cygne le faifit dans fon bec et l'alla dépofer fous une touffe de rofeaux penchés. Il étendit fur lui fes ailes déployées en regardant fixement Lêda, et d'un vol droit vers le ciel monta fi haut et lentement qu'il difparut dans l'aube grandiffante avec la dernière étoile blanche.

III

Éda efpérait qu'aux prochaines étoiles montantes le Cygne reviendrait vers elle, et elle l'attendit dans les rofeaux du fleuve, près de l'œuf bleu qui était né de leur union miraculeufe.

L'Eurotas était peuplé de Cygnes, mais celui-là n'y était plus. Elle l'aurait reconnu entre mille, et même en fermant les yeux elle l'aurait fenti s'approcher. Mais il n'y était plus, elle en était bien fûre.

Alors elle ôta fa couronne de feuilles d'eau, la laiffa

choir dans le courant, et défit fa chevelure bleue et y pleura.

Quand elle effuya fes yeux après longtemps, un grand fatyre était là, qu'elle n'avait pas entendu marcher.

Car elle n'était plus femblable à Phœbé. Elle avait perdu fa virginité. Les fatyres n'auraient plus peur d'elle.

D'un bond elle fut fur ses pieds et recula effarouchée.

L'ægipan lui dit doucement :

« Qui es-tu ?

— Je fuis Lêda, » répondit-elle.

Il fe tut un inftant, puis reprit :

« Pourquoi n'es-tu pas comme les autres nymphes ? Pourquoi es-tu bleue comme l'eau et la nuit ?

— Je ne fais pas. »

Il la regardait très étonné.

« Qu'eft-ce que tu fais là, toute feule ?

— J'attends le Cygne. »

Et elle regardait vers le fleuve.

« Quel cygne ? demanda-t-il.

— Le Cygne. Je ne l'avais pas appelé, je ne l'avais pas vu, et il eft venu. Je fuis fi étonnée. Je vais te dire. »

Elle lui raconta ce qui s'était paffé, et elle écarta les rofeaux pour lui montrer l'œuf bleu du matin.

Le fatyre comprit. Il fe mit à rire bruyamment et donna des explications groffières qu'elle arrêtait à chaque mot en lui mettant la main fur la bouche, et elle criait :

« Je ne veux pas favoir. Je ne veux pas. Oh ! Oh ! tu m'as appris. Oh ! eft-ce affreux ! Maintenant, je ne pourrai plus l'aimer, et je ferai malheureufe à mourir. »

Il la faifit par le bras paffionnément.

« Ne me touche pas ! pleura-t-elle. Oh ! que j'étais heureufe ce matin ! Je ne comprenais pas combien j'étais heureufe ! Maintenant s'il revient je ne l'aimerai plus ! Maintenant tu m'as dit ! Ah ! que tu es méchant ! »

Il l'enlaça tout à fait et lui careffa les cheveux.

« Oh ! non ! non ! non !… non ! cria-t-elle encore. Oh ! pas toi ! oh ! pas cela ! Oh ! le Cygne, s'il revenait… hélas ! hélas ! tout eft fini, tout eft fini. »

Elle reftait les yeux ouverts, fans pleurer, et la bouche ouverte et les mains tremblantes d'effarement.

« Je voudrais mourir. Je ne fais pas même fi je suis mortelle. Je voudrais mourir dans l'eau, mais j'ai peur des naïades, et qu'elles ne m'entraînent avec elles. Oh ! qu'ai-je fait ! »

Et elle fanglota bruyamment fur fon bras.

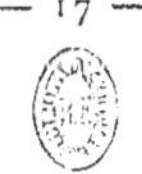

Mais une voix grave parla devant elle, et comme elle
ouvrait les yeux, elle vit le dieu du fleuve couronné d'herbes
vertes et qui fortait à demi des eaux, appuyé fur un gouver-
nail de bois clair.

Il difait :

« Tu es la nuit. Et tu as aimé le fymbole de tout ce qui eft
lumière et gloire, et tu t'es unie à lui.

« Du fymbole eft né le fymbole et du fymbole naîtra la
Beauté. Elle eft dans l'œuf bleu qui eft forti de toi. Depuis le
commencement du monde on fait qu'elle s'appellera Hélène ;
et celui qui fera le dernier homme connaîtra qu'elle a
exifté.

« Tu as été pleine d'amour parce que tu as tout ignoré.
C'eft à la louange des bienheureufes ténèbres.

« Mais tu es la femme auffi, et dans le foir du même jour,
l'homme auffi t'a fécondée.

« Tu portes en toi l'être obfcur qui ne ferait rien que lui-
même et que fon père n'a pas prévu et que fon fils ignorerait.
J'en prendrai le germe dans mes eaux. Il reftera dans le
néant.

« Tu as été pleine de haine parce que tu as tout appris.
Et je te ferai tout oublier. C'eft à la louange des bienheureufes ténèbres. »

Elle ne comprit pas bien ce que le dieu avait dit, mais elle le remercia en pleurant.

Elle entra dans le lit du fleuve s'y purifier du fatyre et quand elle revint sur la berge, elle avait perdu tout fouvenir de fa douleur et de fa joie.

ÉLANDRYON ne parlait plus. Les femmes reftaient filencieufes. Pourtant, Rhéa vint à demander :

« Et Kaftôr et Polydeukès ? tu n'en as rien dit. C'étaient les frères d'Hélène.

— Non. C'eft une mauvaife légende, ils ne font pas intéreffants. Hélène feule eft née du Cygne.

— Comment le fais-tu ?

— …

— Et pourquoi dis-tu que le Cygne l'a bleffée avec fon bec ? Cela n'eft pas dans la légende et ce n'eft pas vraifemblable... Et pourquoi dis-tu que Lêda était bleue comme l'eau dans la nuit ? Tu as une raiſon pour le dire.

— N'as-tu pas entendu les paroles du Fleuve ? Il ne faut jamais expliquer les ſymboles. Il ne faut jamais les pénétrer. Ayez confiance. Ah ! ne doutez pas. Celui qui a figuré le ſymbole y a caché une vérité, mais il ne faut pas qu'il la manifeſte, ou alors pourquoi la ſymboliſer ?

« Il ne faut pas déchirer les Formes, car elles ne cachent que l'Inviſible. Nous ſavons qu'il y a dans ces arbres d'adorables nymphes enfermées, et pourtant quand le bûcheron les ouvre, l'hamadryade eſt déjà morte. Nous ſavons qu'il y a derrière nous des ſatyres danſants et des nudités divines, mais il ne faut pas nous retourner : tout aurait déjà diſparu.

« C'eſt le reflet onduleux des ſources qui eſt la vérité de la naïade. C'eſt le bouc debout au milieu des chèvres qui eſt la vérité du ſatyre. C'eſt l'une ou l'autre de vous toutes qui eſt la vérité d'Aphrodite. Mais il ne faut pas le ſavoir, il ne faut pas chercher à l'apprendre. Telle eſt la condition de l'amour et de la joie. C'eſt à la louange des bienheureuſes ténèbres. »

6 octobre 1893.

ACHEVÉ D'IMPRIMER

LE VINGT NOVEMBRE 1897

POVR LE

MERCVRE

DE

FRANCE